VIVER SEM
PRESSA

Coleção Vida Plena

- *A chave para a felicidade*
  Adriana Fregonese, Lilian Hsu, Cátia Monari
- *A coragem de ser responsável: descubra se você é reativo ou proativo, omisso ou comprometido*
  Carlos Afonso Schmitt
- *A força interior em ação*
  Abel Brito e Silva
- *Aprendendo a viver: caminhos para a realização plena*
  José Manuel Moran
- *Forças para viver: palavras de ânimo para quem sofre na alma e no corpo*
  Carlos Afonso Schmitt
- *Na esperança do reencontro: para quem está de luto e deseja superar as lágrimas*
  Carlos Afonso Schmitt
- *O gosto das pequenas vitórias: como vencer os medos que nos afligem diariamente*
  Carlos Afonso Schmitt
- *O incrível poder da palavra: os efeitos do pensamento e da fala sobre nossa vida*
  Carlos Afonso Schmitt
- *O poder da superação: como recuperar a saúde e viver de bem com a vida*
  Carlos Afonso Schmitt
- *O segredo da longevidade: sonhos e desafios para manter-se ativo e saudável em qualquer idade*
  Carlos Afonso Schmitt
- *Um hino à alegria: dos males da tristeza aos cânticos da vida*
  Carlos Afonso Schmitt
- *Um novo jeito de vencer a depressão: a cura possível através da terapia holística*
  Carlos Afonso Schmitt
- *Viver com paixão!*
  Valerio Albisetti
- *Viver sem pressa: o desafio de administrar sua ansiedade*
  Carlos Afonso Schmitt

CARLOS AFONSO SCHMITT

VIVER SEM PRESSA

O desafio de administrar
sua ansiedade

aulinas

Dados Internacionais de Catalogação na Publicação (CIP)
(Câmara Brasileira do Livro, SP, Brasil)

Schmitt, Carlos Afonso
  Viver sem pressa : o desafio de administrar sua ansiedade / Carlos Afonso Schmitt. – São Paulo : Paulinas, 2014. – (Coleção vida plena)

  ISBN 978-85-356-3853-0

  1. Ansiedade 2. Autoajuda I. Título. II. Série.

14-11318   CDD-158.1

Índice para catálogo sistemático:
1. Ansiedade : Autoajuda : Psicologia aplicada   158.1

1ª edição – 2014
5ª reimpressão – 2019

Direção-geral:
Bernadete Boff

Editora responsável:
Andréia Schweitzer

Copidesque:
Simone Rezende

Coordenação de revisão:
Marina Mendonça

Revisão:
Ana Cecilia Mari

Gerente de produção:
Felício Calegaro Neto

Capa e diagramação:
Manuel Rebelato Miramontes

Nenhuma parte desta obra poderá ser reproduzida ou transmitida por qualquer forma e/ou quaisquer meios (eletrônico ou mecânico, incluindo fotocópia e gravação) ou arquivada em qualquer sistema ou banco de dados sem permissão escrita da Editora. Direitos reservados.

Paulinas
Rua Dona Inácia Uchoa, 62
04110-020 – São Paulo – SP (Brasil)
Tel.: (11) 2125-3500
http://www.paulinas.com.br – editora@paulinas.com.br
Telemarketing e SAC: 0800-7010081
© Pia Sociedade Filhas de São Paulo – São Paulo, 2014

*Dedico este livro a minha esposa Carmen
que me ajuda a viver sem pressa.
Obrigado, amor!*

Sumário

Introdução 9

1. Um lento aprendizado 11

2. Ansiedade: um tipo de medo? 13

3. Ansiedade e nervosismo 17

4. Ansiedade e adrenalina 19

5. Estado geral de inquietação 23

6. A briga contra o relógio 25

7. O estresse nosso de cada dia 27

8. Ansiedade e vazio interior 31

9. Depressão *versus* passado 33

10. Ansiedade *versus* futuro 37

11. A vida é hoje: agora 39

12. E o futuro: posso programá-lo? 43

13. Modificação de hábitos 45

14. Relacionamentos gratificantes 47

15. Aprendendo com a natureza 49

16. Momentos de lazer 51

17. Aonde queremos chegar? 53

18. A busca da serenidade interior 55

19. Um grande amor ensina muito 57

20. Saúde integral 59

21. A paz que vem de Deus 61

Introdução

Ao festejar cinquenta anos de escritor e oitenta livros publicados, sinto necessidade de partilhar com você, amigo leitor, lições que aprendi ao longo desses anos.

Ainda não me considero suficientemente preparado para comentar com autoridade certos temas, porém partilhá-los faz parte dos anseios de minha alma.

Como terapeuta holístico, convivo diariamente em meu trabalho com pessoas ansiosas e estressadas. Elas me procuram em suas aflições e eu me torno aprendiz de suas dores. Constato, com toda a humildade, que muitas vezes também *eu* fui ansioso e estressado. Deslocado do meu "agora", vivia projetado no futuro. E o *nervosismo* acompanhava minha *ansiedade*, deixando-me inquieto comigo e deselegante com os outros.

Considero-me hoje um homem mais calmo e centrado. Vivo meu dia a dia como se fosse uma grande dádiva, única e imperdível para ser feliz. Aprendi muito com o sofrimento alheio e, mais ainda, com a dor que a minha ansiedade me impunha. Continuo descobrindo diariamente as belezas da vida e uma delas, sem dúvida, é o desafio de *viver sem pressa*.

No trânsito caótico de nossas cidades e rodovias, na rapidez que a internet proporciona, no agito das baladas eletrônicas, no corre-corre das mil e uma atividades sociais e profissionais: como não ter pressa?

Você quer tentar?

Faça o caminho comigo.

Quem sabe grandes descobertas o aguardam...

De qualquer maneira, sua saúde, seus familiares e amigos: todos agradecem.

Experimente! Verá que vale a pena!

"Viver sem pressa" pode parecer uma proposta um tanto ousada.

Se assim lhe parecer, experimente viver de acordo com a sugestão de um provérbio latino: "Apresse-se devagar".[1]

---

[1] DELLA NINA, Aldo (comp.). *Dicionário da sabedoria popular*. São Paulo: Américas, 1968.

1. Um lento aprendizado

Somos todos muito diferentes uns dos outros e, apesar disso, temos características em comum que se manifestam na expressão de nossa personalidade. Falo das características herdadas de nossos antepassados – pais, avós, bisavós... – que compõem nosso *temperamento*, único e insubstituível, próprio de cada ser humano. É como a *essência* de cada árvore: aquilo que a qualifica e distingue de todas as outras. Ipê é sempre ipê, cedro é sempre cedro, sejam pequenos ou grandes, raquíticos ou imponentes. Assim é conosco: não podemos "trocar" de temperamento, mas trabalhá-lo de maneira que ele se torne agradável, como tábuas bonitas, bem polidas, de um tronco pouco vistoso.

Pessoas de temperamento *colérico* ou *extrovertido* são, por natureza, mais propensas a serem *agitadas* e *ansiosas*. As *fleumáticas* ou *introvertidas* normalmente são mais *calmas* e *despreocupadas*.

Por "natureza" somos um. Por "aprendizado" podemos nos tornar outros: polidos, determinados, elegantes.

A tradicional desculpa "eu sou assim, nasci assim, sempre fui assim..." serve apenas para justificar a falta de iniciativa em criar um caráter adequado aos seus objetivos de vida.

Temperamento não é "sentença fatal", destino que não possa ser moldado. Você pode ser introvertido de "nascença" – e sempre o será! – e extrovertido por educação recebida e introjetada ao longo de seus aprendizados. Assim, quem o observa interagindo com os outros, dirigindo reuniões ou até liderando equipes, jamais desconfiaria que em seu interior mora uma criança tímida que aprendeu a superar seus medos e "extroverter-se", social e profissionalmente. Ao fazê-lo, seu temperamento adquiriu uma nova forma de expressar-se, sem modificar a essência de sua raiz.

Da mesma forma – e não há idade para isso – *aprende-se a viver mais calmo e sereno*, fugindo da epidemia da pressa que assola a maior parte da população. É um belo e desafiador aprendizado, mais fácil e mais rápido para uns, mais difícil e demorado para outros.

Seu temperamento – se ainda pouco modelado – pode atrapalhar ou facilitar seu intento de viver mais tranquilo.

Depende...

Antes de mais nada, *conheça-se* um pouco melhor, o suficiente para saber quais tendências temperamentais predominam em você. Tenha consciência do seu "jeito de ser", atento às manifestações espontâneas que brotam em seus relacionamentos diários.

O segundo passo é começar a *transformar*, com disciplina e persistência, as expressões agitadas de sua personalidade ansiosa em expressões mais serenas, equilibradas e amorosas. Este é um trabalho cuidadoso e exigente.

Uma grande dose de *amor* – e você certamente a terá! – é condição indispensável para alcançar um tão importante objetivo.

Com o tempo você descobrirá que o esforço despendido é altamente recompensado. Sua saúde melhorará sensivelmente e seus relacionamentos irão se tornar agradáveis e gratificantes.

O caminho está aberto.

Vamos prosseguir?

2. Ansiedade: um tipo de medo?

Ansiedade tem sempre relação com o futuro. É um *medo* – geralmente inconsciente – do que pode acontecer, do que está pela frente.

- O exame prático para adquirir a carteira de habilitação.
- Uma prova para o vestibular ou concurso público.
- Uma reunião importante a conduzir ou palestra a ser dada.
- Uma internação hospitalar de emergência ou para uma cirurgia programada.
- Uma viagem de avião, intransferível.
- O encontro com o tão sonhado amor da sua vida...
- As mais diversas e inúmeras situações, todas capazes de gerar momentos de muita ansiedade.

Ter um pouco de ansiedade diante do novo ou de desafios a enfrentar pode ser considerado normal. A curto prazo, em nada isso afeta seriamente sua saúde mental ou física. É do exagero constante que falamos aqui. Daquela *ansiedade mórbida*, que extrapola o bom senso, mesmo em circunstâncias nada ameaçadoras.

O ansioso mantém um permanente diálogo interno – com as mais extravagantes fantasias que o inconsciente é capaz de elaborar – piorando o estado mental que deveria acalmá-lo diante das situações a resolver.

- Teme que não vá conseguir seus objetivos.
- Que não saberá responder à altura.
- Que, mais uma vez, será reprovado.

- Acha que tudo é muito difícil para ele.
- Que os outros candidatos estão mais preparados.
- Que as vagas são poucas e ...

Perigos imaginários ou reais, a ansiedade tem o poder de torná-los igualmente terríveis, mesmo que sejam pequenos e inofensivos. O medo de algo não dar certo e ameaçar até mesmo a integridade física de alguém instala um súbito *pânico* na mente e no corpo de quem não consegue dominar a ansiedade.

Reorientar seu diálogo interno, assumindo o controle dos pensamentos, é o primeiro passo a ser dado.

- Respire, algumas vezes, calma e profundamente, mantendo a atenção centrada no ato da respiração.
- Retome, de forma consciente, o equilíbrio que o medo desorganizou.

Lembre-se: *o comando de seus pensamentos deve estar em suas mãos*. Como as rédeas do cavalo, o volante do carro, a direção que escolheu seguir é *você* quem controla. Agora, mais seguro e confiante, enfrente seus medos.

Ansiedade é excesso de preocupação, é *sofrimento antecipado*. Na hora da realização dos fatos temidos, você percebe que é bem mais fácil resolvê-los do que sua imaginação lhe propunha. Na verdade, sofreu em vão. E mesmo que fosse difícil, por que sofrer duas vezes? Não bastaria uma vez só?

Um certo "frio na barriga" em momentos desafiadores faz parte da própria natureza de nosso cérebro. O problema inicia quando a ansiedade se torna um hábito e, como tal, prejudica o sistema nervoso e desinstala os mais afoitos em seu equilíbrio emocional.

Atenção! O sinal amarelo está alertando. Segure aí, que no sinal vermelho é proibido passar!

Ansiedade exagerada é sinal vermelho. Perigo à vista! No jogo da vida, é "cartão vermelho": você está expulso de campo. Se perdeu seu equilíbrio, cumpra conscientemente sua suspensão e volte ao sinal verde. O jogo da vida prossegue. Agora, de forma bem mais equilibrada, controlando sua ansiedade e seus medos descabidos.

Você está no caminho da vitória.

Prossiga!

"Nunca se faz bem o que se faz com demasiada pressa. Sirva-vos isso de aviso para que saibais agir sempre com tranquilidade e calma."
(São Francisco de Sales)

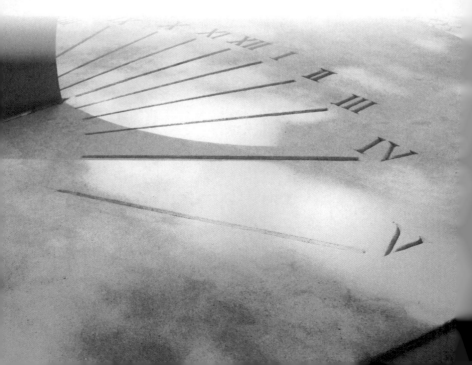

3. Ansiedade e nervosismo

Se a ansiedade tem a ver com acontecimentos futuros, o *nervosismo* é resultante do *agora*. Ele é sua postura mental diante dos fatos *presentes*, do que está acontecendo com você neste momento. Você fica irritado porque...

- os outros contradizem seus objetivos;
- as pessoas são lerdas e você tem pressa;
- os congestionamentos são diários;
- as autoridades competentes prometem e prometem, mas não cumprem;
- é dia vinte do mês e o dinheiro já acabou de novo.

As pessoas discordam de suas opiniões, seu chefe é um chato, seus filhos o incomodam, sua esposa (ou seu marido) vive reclamando... E você cria uma *raiva inconsciente*, disfarçada em nervosismo, que o deixa fora de controle, tanto com si mesmo como com todos que o cercam. Nem mesmo animais ou objetos escapam de seu descontrole! Descarrega "seus nervos" em tudo a sua volta, agride até mesmo quem em nada contribuiu para que você se exaltasse desse jeito.

Ansiedade e nervosismo normalmente andam juntos. Por ter pressa, por sofrer antecipadamente, por estar preocupado em demasia, por ser impaciente, o ansioso contamina sua vida com energias altamente tóxicas. Não é capaz de viver tranquilo, aqui e agora, porque tudo, de certa forma, amedronta ou incomoda sua mente. Altera-se diante de qualquer pequeno obstáculo, fácil de resolver.

Você sabe: *o sistema nervoso descontrolado é consequência de um estado de espírito descontrolado.*

Os "nervos" levam a culpa, no entanto, seus pensamentos, sentimentos e emoções são os verdadeiros causadores dos "estragos" de que os nervos padecem. O cérebro responde ao conteúdo de seus pensamentos criando uma química cerebral correspondente. Pensamentos de paz não podem criar intranquilidade nervosa. Pensamentos de amor jamais produzirão respostas de raiva ou agressão. Os "nervos" são consequência. *A causa é mental.* Lembre-se disso e pare de culpar os outros. Se alguém tem "culpa" – na verdade *responsabilidade* – este alguém é você mesmo.

Nervosismo, às vezes, também é raiva. São pessoas iradas, rancorosas, carregando em seu íntimo uma indisposição, uma revolta contra a vida. Nem elas, ao certo, sabem o porquê disso. São assim, sempre foram assim e, desatentas às mensagens do espírito, infelizmente, continuarão assim.

Você, certamente, não é uma delas. Mas, caso seja, a hora de mudar é agora.

Nunca é tarde para criar consciência de que "mudar é possível", contanto que se queira. Os requisitos são básicos e poderosos: uma boa dose de vontade, de amor e determinação e... mãos à obra! Sua transformação começa a acontecer.

Com certeza você conseguirá!

Lentas e persistentes, porque jamais desanimam, as tartarugas também conseguem chegar à praia de origem.

Como você...

4. Ansiedade e adrenalina

Mente e corpo trabalham interligados. A ansiedade, num primeiro momento, é mental. Adquire nuances físicas porque o cérebro reage ao nosso estado emocional, criando a química que a mensagem psíquica desencadeia.

O estado mental de ansiedade – um medo imaginário ou real diante dos desafios da vida – faz o cérebro responder com um forte comando, dependendo de cada situação, para que as *suprarrenais* liberem uma dose maciça de *adrenalina*. Jogada na corrente sanguínea, predispõe você para o ataque ou a fuga perante o eventual perigo. Como o inconsciente não distingue o real do imaginário, mesmo que não haja perigo concreto a adrenalina produzirá seus efeitos no corpo.

Sem querer ser exaustivo nesta abordagem, lembro alguns sintomas que você deve conhecer muito bem, caso também seja ansioso.

- Um dos primeiros sinais que você nota é o *coração que dispara*. Uma incômoda e amedrontadora taquicardia se apodera de você.
- Sua *respiração* se torna ofegante e entrecortada.
- Você pode começar a *transpirar*, mesmo que faça frio.
- Um *aperto desconfortável no peito* se faz sentir. Você tem a impressão de que algo ruim irá acontecer-lhe.
- Uma generalizada *inquietação* toma conta de você.
- Uma *sensação extremamente desagradável* se apodera de todo o corpo. E ela persiste e aumenta, *caso você não reaja imediatamente*, assumindo o comando da situação.

Então:
1. Fique atento ao que realmente está acontecendo.
2. Respire consciente, calma e profundamente.
3. Dialogue com si mesmo, assumindo seu autocontrole.
4. Desvie seu foco de atenção, diluindo a força do pensamento persistente. Faça uma prece, se sua crença assim o sugerir.

Acima de tudo: dê um voto de confiança a sua capacidade de superação. Em poucos minutos os ventos se acalmam, a adrenalina diminui e você retoma o comando perdido.

Existem, evidentemente, outros efeitos nocivos que o excesso de ansiedade e sua consequente adrenalina provocam. Um deles é a *pressão alta*, diretamente ligada ao estado emocional de quem dela sofre.

A *insônia* é outra manifestação frequente. Em vez de dormir, o ansioso elabora a agenda do dia seguinte, contabiliza as dívidas, lembra-se das duplicatas a serem pagas (ou pior, das que já venceram!), pensa na reunião que ainda não foi preparada... e o cérebro, que não desliga, impede que o sono aconteça.

Ansiedade engorda. E é bom que todos saibam, especialmente as mulheres...

"As emoções engordam mais que a comida", dizem hoje as conclusões a que médicos, cientistas e terapeutas chegaram após longas pesquisas envolvendo ansiedade e sobrepeso.

O inverso também é verdade. Há pessoas que emagrecem quando ficam ansiosas, principalmente quando a neurose toma conta e o medo de engordar as deixa obcecadas, podendo, em casos extremos, desencadear estados de anorexia ou bulimia, altamente prejudiciais.

Ansiedade e excesso de adrenalina não fazem bem a ninguém. Quando perceber que está frequentemente sofrendo tais perturbações, fique em alerta máximo!

O sinal vermelho acendeu!

Pare imediatamente!

*"O homem de bom senso poderá
ter pressa, mas nunca precipitação.
Sabe que tudo que fizer com precipitação,
será necessariamente malfeito."*
(Philip Dormer Stanhope)

5. Estado geral de inquietação

A ansiedade, constantemente alimentada, desequilibra sua saúde. Um estado geral de *inquietação* se instala em você. Parece que nada e ninguém o acalma. Tudo, de alguma forma, o incomoda.

Você está em pé e em seguida senta. Levanta, caminha e senta de novo. Não para um instante sem mexer em algo, sem roer as unhas ou trocar dez vezes de canal na TV. Não há programa que lhe agrade. Tudo parece desinteressante e aborrecido.

Se você é mais um dos milhares de "distraídos" da vida, não vai perceber o que está sucedendo. É tão desatento aos seus próprios comportamentos que acha "natural" ser assim. E se alguém lhe chamasse atenção por seu modo de ser, até estranharia. Preste atenção em que categoria você se enquadra.

Há, basicamente, dois tipos de pessoas:

- Os *distraídos*, que nada percebem, para quem os dias são todos iguais – de preferência, cinzentos –, que deixam que a vida os leve em vez de eles a levarem, que pouco ou quase nada fazem para se motivar e melhorar, que já se conformaram que a vida "é assim mesmo e não há o que fazer"...

- Os *atentos*, que vivem antenados, para quem cada dia é um grande dia, para quem o nascer do sol é uma nova oportunidade para aperfeiçoar-se, para quem o ser amado é sempre novo aos seus olhos e o amor o torna encantador, como no início do romance, para quem toda refeição é gostosa, como se cada dia fosse especial, para quem os outros são fontes de aprendizado...

Você já percebeu que os atentos não caem na armadilha da ansiedade? São eles que "levam a vida", fazem acontecer, vivem no controle.

Os distraídos, no entanto, tornam-se vítimas preferenciais. Exatamente por não terem consciência de si e das exigências da vida, viram reféns de si mesmos.

Calma!

Se você se enquadra entre os distraídos, é hora de acordar. O sinal de alerta já está aceso: fique atento! Seja sentinela de si mesmo, monitorando seu território mental, impedindo que pensamentos e emoções negativas invadam sua propriedade e se apossem de você.

Procure, agora, acalmar-se um instante.

Olhe para dentro de si e veja quais são os invasores de seu espaço interior.

Permita que a paz hasteie sua bandeira e suas benéficas vibrações o envolvam.

Ouça o silêncio e a serenidade entoando um hino de amor em seu coração.

Acalme-se e fique na escuta...

Você está conhecendo, neste momento, um pedacinho do paraíso.

A saúde está retornando...

Deixe-a entrar!

6. A briga contra o relógio

O ansioso está de mal com o tempo. Quer tudo para ontem. Corre e briga contra o relógio. Sempre de olho nele, não pode atrasar-se. Ninguém pode! Os outros também não. Precisa chegar primeiro. Tempo é dinheiro, é solução, é corre-corre.

Para onde leva tudo isso?

Há um destino certo, um rumo, uma direção que faça sentido?

Você lembra que nenhum vento é favorável a quem não sabe em que porto deseja ancorar?

Quem lhe ensinou que a vida é assim e deve continuar assim?

Convido-o, agora, a analisar suas crenças a respeito do tempo. "Crença," neste contexto, é qualquer convicção que tenha a respeito de algo ou alguém, aprendida ou criada por você mesmo.

Einstein nos ensinou que o *tempo é relativo*. Tem a ver com o estado subjetivo de quem o vive. Para quem espera seu amor chegar, ele demora. Para quem sabe que seu amor vai partir, ele passa depressa.

Para você: "tempo" significa o quê? Você tem o bastante, o suficiente para viver bem seu dia – o único que realmente lhe pertence – ou "falta-lhe" sempre tempo? Se dependesse de você, o dia teria quantas horas? Organizar o tempo priorizando atividades, sabendo parar para refazer as forças... isso faz sentido para você?

Seus pais: como eles lidavam com o tempo? Viviam estressados ou eram tranquilos?

Seus professores: o que lhe ensinaram a respeito de valorizar o tempo?

Seus "gurus" de sucesso e prosperidade: quais as crenças que lhe transmitiram?

Suas crenças governam sua vida. Sem elas você não vive. Por elas você até morre. Extremamente poderosas, a grande maioria delas vive oculta, escondida em seu inconsciente. Se é difícil flagrá-las, é extremamente importante tentar. Só ao descobri-las você pode tirar-lhes o poder, *criando novas crenças*, positivas e fortalecedoras, em substituição às antigas. É como abrir um novo arquivo em seu computador mental, bloqueando a intervenção constante dos antigos registros que o impedem de ser diferente.

"Tempo", para você, significa ....

Complete a frase de acordo com suas crenças.

Pare e analise o que elas representam em seu estilo de vida, em seus hábitos diários.

– Quer fazer as pazes com o relógio?

– Quer "gastar" seu tempo de modo mais produtivo e gratificante?

Experimente criar novas crenças, ver o tempo com outros olhos, sentir que *é você quem passa*, não ele. Que é você que o para ou agiliza, torna-o leve ou pesado, difícil ou agradável.

Sinta-o agora no ar que respira e viva profundamente este momento.

Ele é o *seu* tempo. O único que lhe pertence, aqui e agora.

7. O estresse nosso de cada dia

No vocabulário popular "estresse" significa irritação, cansaço, aflição, desgaste...

Até certo ponto, isso é verdade. No entanto, o estresse é mais do que isso.

Estresse é o *esforço* exercido por alguém para administrar sua vida. E como tal, pode ser positivo (*eustresse*) ou negativo (*distresse*). A maioria entende o estresse apenas como algo negativo. E não é assim.

Se o estresse é a reação às adaptações que a vida exige, estar na fila do banco, "numa boa", sem pressa, sem afobação, gera um estresse positivo. Eu me "psicoadapto" à situação e não produzo desgaste algum. O contrário – que infelizmente é o mais habitual – este, sim, desgasta, cansa, aflige, irrita...

A capacidade psíquica e física de se adaptar às circunstâncias da vida – más ou boas – é o que chamamos de estresse. É a tão propalada "resiliência": capacidade de suportar contrariedades, lidar com contratempos, administrar emoções quando as exigências nos pressionam.

Como pode notar, o estresse nos acompanha dia e noite. Melhor: *nós o produzimos* – negativo ou positivo – de acordo com nossa capacidade de ver, sentir e interpretar cada fato. O momento que vivemos é o ponto de referência para gerarmos saúde e bem-estar, ou, infelizmente, para desgastar-nos, incomodar-nos ou até mesmo sentirmos raiva pelo que sucede conosco.

A grande maioria das pessoas vive estressada porque vive ansiosa. Ansiedade deflagra estresse negativo. A pressa em resolver tudo, no menor período de tempo, gera aflição. Aflição gera irritação. E o quadro do distresse está instalado.

É possível – sei que para muitos não é fácil – criar um estado de espírito compatível com situações de pressão. Mantendo a necessária calma, o controle emocional, a certeza de que cada momento é único e, por isso mesmo, gratificante, você aprende a "desestressar-se". Você começa a produzir eustresse, o lado positivo do estresse, normalmente mal-interpretado.

Percebe, amigo leitor, como tudo é questão de *interpretação*, de gerar um significado para cada ato, de tomar nas mãos o controle de suas emoções?

Este é o novo aprendizado que o século XXI necessita com urgência. E nós, inseridos neste contexto, temos muito a aprender diariamente.[1]

O desafio pode até parecer difícil. Concordo que seja. Os benefícios, no entanto, são imensos. A saúde da mente e do corpo é a grande favorecida. Os relacionamentos – em todas as áreas – lograrão inúmeras vantagens.

– Que marido ou esposa você deseja: alguém estressado, aflito, irritado ou...?

– Que chefe gostaria de ter, se lhe fosse dado escolher?

– Com que amigos você ama compartilhar sua vida?

– E eles: escolheriam você?

---

[1] Cf. ROSSI, Ana Maria. *Estressado, eu?* Porto Alegre: RBS Publicações, 2004. GOLDONI, Augusto. *Estresse: como transformar esse terrível inimigo em aliado*. São Paulo: Paulinas, 2011.

"É tal a nossa pressa de agir,
de amontoar afazeres,
de fazer ouvir por um instante nossa voz,
que nos esquecemos da única coisa
de que todas essas são simples partes,
isto é: viver."
(R. L. Stevenson)

8. Ansiedade e vazio interior

Pessoas insatisfeitas, desgostosas consigo mesmas e com os outros, queixosas da vida, lamuriantes e infelizes, mal-amadas, carregam em seu íntimo um grande vazio interior. Não se encontram "preenchidas" nem de paz, nem de amor, nem de Deus. E sua ansiedade tende a aumentar na medida em que seu vazio interior persiste.

Você já conheceu momentos, dias ou semanas em que nada o satisfaz? Simplesmente uma sensação estranha, como se fosse nostalgia, saudade sem saber de quê... um vazio que nada preenche. Difícil de entender. Difícil de aceitar.

De repente, sem saber sua origem, uma grande vontade de chorar se apodera de você. E então você chora – ou sufoca o choro – e o peito dói. Você não se entende e sente-se um estranho para si mesmo.

O que estaria acontecendo com você? Ninguém saberia responder-lhe, se nem mesmo você o consegue. É tudo estranho, misterioso, incompreensível.

Vazio interior... um estado de espírito de carência, de falta de sentido para a vida, de significado e propósito existenciais.

Alguém precisa fazer parte dessa história, para reverter esse quadro angustiante: *Deus*. Sua presença preenche. Seu amor dignifica. Só ele é capaz de dar ao nosso coração a *plenitude* que buscamos.

Vazio interior e ansiedade se retroalimentam. Quanto maior sua falta de realização, maior a possibilidade de aumentar sua ansiedade. Quanto maior a ansiedade, mais vazio interior você sentirá. E esse círculo vicioso se fecha e o entrelaça.

Como essencialmente somos um, curando um deles, estaremos curando o outro. Sua fé em Deus fará de você alguém diferente. Alguém novo. Alguém preenchido.

Uma nova criatura começa a surgir com a graça de Deus. A vida readquire sentido. Tudo se transforma. Você revive.

– Tem alguma dúvida quanto a isso?

– Existe alguma dificuldade em perceber que fé e ansiedade, fé e vazio interior têm tudo a ver um com o outro?

Para facilitar sua compreensão, pense em alguém muito especial. Alguém plenamente humano e, ao mesmo tempo, plenamente divino. O Mestre dos mestres, Jesus, um homem extremamente equilibrado, capaz de suportar as mais terríveis pressões. Sua profunda ligação com o Pai mantinha-o sereno, mesmo diante da cruz. Era um homem "preenchido", realizado, com total clareza de sua missão, conhecedor profundo do seu propósito de vida.

Nossa fé é capaz de ligar-nos a ele. Seu convite é para que o sigamos.

Como sempre, a escolha é nossa. A escolha é sua.

9. Depressão *versus* passado

Nos próximos quatro capítulos vamos esclarecer alguns pontos que geralmente criam confusão na cabeça de muitas pessoas.

Ansiedade e depressão são quadros diferentes, se bem que algumas de suas características se encontrem presentes em ambos.

Num primeiro momento vamos ater-nos à depressão. É chamada de "o grande mal do século XXI" pela Organização Mundial da Saúde e, ao meu ver, é um dos piores e mais devastadores males humanos.

A depressão afeta a alma da pessoa. É o "coração emocional" que dói. O centro vivencial é atingido.

Se a ansiedade é mais mental, a depressão é essencialmente emocional. Ambas são psicossomáticas: suas consequências se expressam no corpo, através de uma série infindável de sintomas, capazes de desequilibrar por completo a saúde de alguém.

Perceba que – ao contrário da ansiedade – *a depressão tem raízes no passado*. O espírito e a mente estão presos. E as causas são as mais diversas. Tanto em sua origem quanto em sua *interpretação* – o que é realmente determinante – as causas são múltiplas e variáveis, sempre de acordo com a ênfase emocional que alguém lhe dá.

- A morte de um ente querido pode ser a âncora que prende você.
- Um acidente grave envolvendo você ou alguém de sua família é um trauma capaz de desencadear uma profunda depressão.
- Um amor desfeito, com todos os consequentes dissabores e mágoas, pode causar uma tristeza muito profunda.

- Um fracasso financeiro, com perda parcial ou total de bens, pode levar a pessoa ao fundo do poço.
- Um filho com necessidades especiais pode transtornar emocionalmente os pais.
- Desânimos profundos, prostrações existenciais, tristezas anímicas, trazidas não se sabe de onde... tudo que remonta ao passado diz respeito à depressão.

Entenda-se: *passado não resolvido, não aceito, não perdoado*. Passado ao qual você se agarra – com mágoas e revoltas – e nele fica preso. Dessa forma, seu presente e seu futuro não lhe são atraentes. Não há perspectivas, não há esperança, não há caminho a seguir.

Mas depressão tem cura, sim!

Um resoluto movimento interior de *libertação* deve iniciar o processo. É a alma que tem de curar-se. É Deus quem tem de entrar no jogo. É a fé que deve alavancar uma saída – arrancando as raízes do passado – para instalar um sentido novo, uma luz que ilumine o presente e os passos que o conduzam ao futuro.

Para seu próprio entendimento, note que *nem todo ansioso é depressivo*. No entanto, quando um "estado de espírito depressivo" se aloja numa pessoa (situação que ainda não se transformou em depressão enraizada), há sempre um conteúdo de ansiedade em suas manifestações. Não bastasse essa pessoa não viver o presente com alegria e disposição, o futuro lhe inspira insegurança e medo, deixando-a intranquila em relação ao que possa acontecer.

Depressão gera intranquilidade. Não há paz no coração do depressivo. Por isso, a inquietação e o vazio existencial podem doer muito. Nada agrada. Nada satisfaz.

A solução que a Psicologia aponta passa necessariamente por atitudes novas em relação ao passado. Crenças libertadoras que injetem vida nova e perspectivas de mudança.

Superar traumas, libertar-se de mágoas, enfim: arrancar as raízes que o prendem aos sofrimentos do passado: eis o caminho![1]

---

[1] Complemente sua leitura com o meu livro *Um novo jeito de vencer a depressão*, São Paulo: Paulinas, 2008.

"Não há nada mais útil ao homem do que a determinação de nunca ser precipitado."
(H. D. Thoreau)

10. Ansiedade *versus* futuro

Se a depressão tem raízes em sofrimentos do passado, a ansiedade é *projeção no futuro*. O ansioso vive mal porque vive deslocado. Tudo que "ainda não aconteceu" deixa-o intranquilo. Ninguém sabe se algo realmente vai acontecer, porque, na maioria das vezes, não acontece.

Sofrimento antecipado: eis o que caracteriza a ansiedade. E quem sofre antes, sofre duas vezes. Como se não se "contentasse" em sofrer uma vez só, se isso fosse preciso... Na verdade, tudo depende de como você interpreta e administra a situação que lhe causa ansiedade. Por que sofrer, se há um jeito diferente de encarar e resolver a questão?

Você quer saber se de fato é ansioso?

- Descubra "onde" você vive: aqui, no presente, ou lá, no futuro?
- Analise seus temores: são reais ou meramente imaginários?
- O futuro de seus filhos o inquieta?
- Constantes preocupações afligem sua mente?
- Sua situação financeira é algo que o aflige constantemente?
- Seus sonhos morrem cedo, sempre antes de serem concretizados?
- Seus objetivos são pequenos e pobres, ou tão grandes e ambiciosos que se tornam inatingíveis?

O ansioso é essencialmente *inseguro*. Seus medos o desestabilizam com frequência. Não há "tábua de salvação" na qual se agarrar no mar revolto. A sensação de que tudo está perdido acompanha-o constantemente. O pior que possa ser imaginado está diante de seus olhos. Não enxerga nada de bom, seguro e esperançoso.

Ansiedade é barco em que entra água. Pode-se esperar o quê? Se remar é preciso, porque o porto está distante, adianta remar se o barco está afundando? É assim o quadro do ansioso. Para ele, viver é algo totalmente inseguro. Sabe, no entanto, que viver é preciso. Por isso, quanto antes tudo se resolver, melhor!

O porto está à vista. Vamos!

A ansiedade acaba criando um círculo vicioso. Quanto mais inseguro, mais agitado. Quanto mais agitado, mais ansioso ainda. Quanto mais ansioso, mais o futuro o angustia, enchendo-o de medos.

Sua mente gira sempre ao redor do mesmo ponto. Seus pensamentos vêm e vão, como pássaros que retornam ao mesmo ninho. Uma constante retroalimentação faz com que você, cada vez mais, se sinta perdido em seu mar. O barco é frágil. O mar é imenso.

É assim que você sente sua vida?

Retorne ao seu porto, inseguro navegador!

Ainda é possível chegar!

O farol da esperança e da fé ilumina sua praia.

Você sabe a direção: volte ao seu porto, reencontre seu lar!

A paz do aconchego o aguarda.

Seu lar?...

Seu lar é aqui: no hoje, no agora.

11. A vida é hoje: agora

O relógio é uma "instrumentalização" do tempo. A era industrial o exigia. Tinham de estar todos presentes num determinado momento, para que a "máquina" começasse a funcionar.

O tempo, no entanto, não usa relógio. Ele é meramente subjetivo. Tem relação direta com seu estado de espírito. É você quem o faz "passar", rápida ou lentamente. Você o "trava". Você o "acelera".

Nosso inconsciente, em relação ao tempo, tem uma posição muito estranha. Ele não gosta do hoje, do agora, do enfrentamento da realidade. É por isso que ele foge, refugiando-se no passado ou projetando-se no futuro, ambos irreais.

Real é apenas o presente, o *único tempo que é nosso e existe agora*. Neste exato momento ele é e você é. Nele você vive e ele, em você, existe. Tempo e você se tornam *um*.

Passado e futuro são tempos psicológicos. São válvulas de escape do inconsciente. Como ele não reflete nem mede as consequências das ideias fantasiosas que elabora, "prefere" saudosismos do passado ou sentimentos de culpa em que possa alimentar seu próprio masoquismo, ao dia a dia com seus problemas a resolver e soluções a engendrar.

O futuro lhe "agrada" porque nele é possível voar à vontade. O futuro, no mínimo, pode causar ansiedade e insegurança, mas tudo bem! Não é o pior, "pensa" ele.

Pior para ele é o presente: este sim é complicado!

Atenção! Luz amarela piscando!

Alerta máximo! O inconsciente é ardiloso e não quer enfrentar situações de desconforto. Freud denominava-o de "id": o *princípio do prazer*. Portanto: nada que exija sacrifício, disciplina, esforço... nada disso lhe agrada.

É aqui que entra a importância e o poder do *consciente*. Sem ele, o barco afunda. Sem ele, a luz vermelha se acende e nós, incautos, assim mesmo arriscamos passar.

O papel do consciente é fundamental. Só ele reflete. Só ele sabe que *real* é o *agora*. Que o dia de hoje é o único verdadeiro. Que o calendário foi elaborado para organizarmos nossa vida. "Organizarmos", não para voarmos, quais borboletas, ou encher-nos de medo perante o desconhecido, como criança que se assusta com o escuro, povoando-o de fantasmas.

Quem vive no "aqui e agora", antenado, atento, não sofre de depressão, muito menos de ansiedade. Aliás, *viver no agora* é o melhor remédio para os males da alma. O passado não é mais real: ele apenas é um tempo psicológico. O futuro ainda não existe: também ele é tempo imaginário. A armadilha reside exatamente nisso: se confundir o "tempo psicológico" com o "real" – essa distinção o inconsciente não faz –, viverá o tempo psicológico como se também fosse real. Este é o perigo!

"Real" é unicamente hoje: tempo que você sente, agora, neste exato momento, acontecendo em você. *Tudo o mais é mera ilusão.* E para iludir-nos, nada melhor que o tempo...

– Quantos anos de vida (ou de tempo?) você sente que tem?

Aqui, no planeta Terra, a *impermanência* – o fato de que tudo muda – é a única realidade concreta. Tempo, em nossa concepção tridimensional, é impermanência. Ou somos nós os "impermanentes"?...

Permanência, estabilidade, *eternidade é ausência de tempo*.

Um tanto complicado, não acha?

Nossas "vãs filosofias" realmente pouco ou quase nada explicam, como diria Shakespeare. Os mistérios entre o céu e a terra são tantos, que a *fé* se apresenta como único leme que assegura a direção do nosso barco. O absurdo nada explica. A fé nos dá firmeza e torna-se um farol.

Viver o agora. Ancorar-se no presente. Eis o "remédio" para prevenir ou curar depressões, para afugentar ou desfazer ansiedades.

Ancore-se!

*"O milagre do amor humano é que,
sobre um instinto simples,
o desejo constrói o edifício
dos sentimentos
mais complexos e delicados."*
(André Mourois)

12. E o futuro: posso programá-lo?

A sabedoria milenar de grandes pensadores, filósofos e teólogos e mais recentemente de psicólogos, terapeutas e psiquiatras têm muito a nos dizer a respeito dos temas que estamos abordando.

Aprendi, ao longo de meus anos de estudos – que ainda continuam –, que há algumas orientações extremamente importantes para quem deseja viver bem, ancorado no presente.

- *Aceitar o passado.* Eis o primeiro passo. Sem prender-se a mágoas, sem remoer culpas, sem castigar-se pelo que fez ou deixou de fazer. Isso inclui um ato consciente e generoso de perdão a si e aos outros. *Libertar-se perdoando*, este é o segredo.

- *Viver o presente.* Só este é possível "viver". Só ele é real, é agora. Passado e futuro são "ilusões mentais", são "tempos psicológicos".

- *Programar o futuro* é o terceiro ponto que complementa essa tríade de preciosas reflexões. "Programar" não implica ansiedade, implica *organização*, elaboração de uma agenda.

É impossível querer "viver" o futuro. O erro está aí: viver só é possível agora. Tem a ver com o presente, o único que de fato nos pertence.

Programe, portanto, seu futuro. Crie objetivos. Planeje as metas para alcançá-los. Tenha sonhos, sim! "Cabeça de águia e pés de galinha", como diz o teólogo Leonardo Boff.[1]

---

[1] Cf. *A águia e a galinha*: uma metáfora da condição humana. 50. ed. Petrópolis: Vozes, 2012.

Sonhe alto, voe longe, mas com os pés no chão, ancorado no agora. Isso é possível! Não é mera utopia: é realidade factível.

Aceitar, viver, programar: enquadre sua vida nestes três verbos. E o passado deixará de ser um peso. O futuro não mais o encherá de temores. O presente será seu único porto.

Fique aí: só ele é seguro e confiável, só ele é seu. Seu lar, sua pátria, seu chão.

Pés firmes, apoiados nele. Cabeça livre para voar. O infinito é sua meta. Programe-se para chegar lá. Vivendo o agora, seus sonhos se realizam.

A plataforma de lançamento é aqui.

O destino?... É você quem escolhe.

Boa viagem!

13. Modificação de hábitos

É impossível apressar o tempo. É você quem se apressa. É você quem se perturba. O tempo é impassível. Em nada é atingido. Quem sofre as consequências da ansiedade e da pressa em viver é unicamente você. Por contágio, os entes queridos que o rodeiam também sofrem. Eles são diretamente atingidos.

Pessoas são "sistemas abertos". Todos, de alguma forma, influenciam e atingem os outros. Objetos inanimados são "sistemas fechados". Dois motores, funcionando lado a lado, em nada interferem ou atrapalham um ao outro. Na convivência de uma família – sistema aberto – tudo é diferente. O filho afeta os pais e estes afetam o filho. Todos se interligam, complementam ou se afetam mutuamente.

Você não pode mudar o tempo. Mas você pode, sim, mudar a si mesmo em relação ao tempo. Sendo calmo e tranquilo, calmo será em relação às horas "que não passam". Compreensivo consigo mesmo, compreensivo com o frio ou a chuva, com o calor escaldante que dificulta seus planos.

E adianta revoltar-se?

Você sabe que não!

A modificação de seus hábitos garante uma *nova postura* para administrar o tempo. O relógio será seu aliado em vez de transformar-se em motivo de ansiedade e de pressa. Você vai criar uma nova disciplina, uma bela organização de suas atividades, priorizando as mais urgentes e necessárias e deixando as outras para depois.

Planejamento evita ansiedade.

Sem ela, a pressa não é incentivada. Sem ela, a serenidade é possível e você rende bem mais em seu trabalho.

Você se lembra de que a ansiedade aumenta a adrenalina? Esta, por sua vez, leva seu cérebro a níveis altos de *ondas beta*, o que lhe impede a lucidez e o raciocínio, adequados à solução de suas tarefas.

Em meio à correria, relaxe um pouco – um pouco que seja... Acalme sua mente acelerada. Permita que o cérebro reduza sua ciclagem. *Ondas alfa* – mais lentas e compassadas – fazem bem à memória e à saúde geral do organismo.

Ajude-se!

Atenção para as lições da neurolinguística: exclua qualquer ênfase aos pontos negativos. Nada de mentalizar-se "menos ansioso, menos impaciente, menos nervoso". Em nada as mentalizações negativas modificariam seu estado, uma vez que a lembrança de tudo que não quer atrairia exatamente o que você rejeita. É a lei. E ela se cumpre.

Pense no que deseja e mentalize unicamente isso:

- Eu sou cada dia mais calmo.
- Estou aprendendo a ser paciente.
- Vivo meu "agora": o dia de hoje, como único e insubstituível.
- Administro meu tempo, planejando minhas atividades.
- Eu sou, cada dia, mais eficaz.

Afirme positivamente seus objetivos. Aposte em seus sonhos, de forma clara, simples e determinada. As leis do universo responderão a seu favor. É assim que Deus as fez. Compete-nos saber usá-las a nosso favor.

Mais uma vez, a escolha é sua!

14. Relacionamentos gratificantes

Bons amigos, um grande amor, tranquila convivência familiar são valiosos ingredientes que nos predispõem para viver sem pressa.

Uma roda de amigos "segura" o tempo. Parece que ele nem está passando... Foram horas de conversa, risadas e maravilhosa companhia. Ninguém reclamou que estava demorando ou que, há tempo, deveria ter ido embora.

O que houve com o tempo? Parou?

Ou fomos nós que paramos?

Estar ao lado de quem você ama, namorando, trocando ideias, olhando juntos na mesma direção, com objetivos comuns, ou simplesmente segurando sua mão, fitando seus olhos, ouvindo as batidas de seu coração...

Foi o "tempo" que parou?

Você sabe que não! O amor faz *você parar*. E, ao parar, você "parou" o tempo.

Família que se entende, se quer bem, onde a compreensão e o amor predominam, favorece a serenidade e a paz de espírito. Não há motivos para agitação, para ansiedade, para viver apressado, se a tranquilidade entre pais e filhos é a característica que mais se destaca em seus relacionamentos.

"Família irreal", diria alguém.

No entanto, estou falando do meramente possível. De relacionamentos gratificantes ou da urgência em criá-los. Da importância em mantê-los.

Parece utópico? Talvez!

Sonhador?... Com certeza!

A paz de espírito, a amorização da vida e de tudo que você faz para si e para os outros amenizam o tempo que você experimenta.

- Ser pai é difícil?
- Ser mãe é complicado?
- Viver em família é um peso para pais e filhos?
- Trabalho em excesso, dinheiro em falta?
- Mês muito longo para um salário tão curto?
- Creche, colégio, faculdade, filhos que nos absorvem, preocupam e angustiam?

O desafio é diário. A ansiedade está aí, prestes a agarrar-nos.

Vontade de chorar, de gritar, de correr... Para onde?

Gritar contra o tempo que a cada ano passa mais rápido, ou que não passa!

Chorar para aliviar-se de quê?

Se motivos houvesse, tudo bem!

Onde o amor é a música que suaviza; onde o perdão reconcilia; onde a segurança ajuda a viver plenamente o dia a dia; onde a fé incentiva a confiar no futuro, *viver sem pressa* é possível e extremamente saudável.

Utopias existem para serem realizadas.

"Viver sem pressa" pode ser para você uma bela utopia.

Está em suas mãos realizá-la.

Aventure-se!

15. Aprendendo com a natureza

A natureza tem muito a oferecer-nos. Lições escondidas em cada flor que germina, cresce e desabrocha. Em cada hortaliça, em cada legume, em cada pé de tomate ou laranjeira, em cada chá que degustamos: lições e mais lições.

A natureza não tem pressa. Há um ciclo a cumprir. Não adianta querer apurá-la. Ela flui com a corrente da vida que as raízes emanam. É sábia em todas as decisões. Pensar que a natureza não toma "decisões" é ignorar sua sabedoria.

Surpreenda-se: em tempos de estiagem, certas espécies de bananeira, "com medo de não garantir a sobrevivência da espécie", produzem grãos que ficam escondidos dentro da banana. Grãos? Sim, exatamente isso! Com eles, a sobrevivência está garantida, fato que em tempos de clima mais propício acontece ao natural. Quando a "mãe bananeira" dá cacho e é cortada, várias mudas pequenas, ao seu redor, já estão crescendo. É a pródiga natureza cuidando de tudo.

Em vez de ficar ansiosa – como nós –, *a natureza cria soluções*. É inteligente e, por isso mesmo, não se apura. O tempo necessário é respeitado. O homem, às vezes, atrapalha. Quer os frutos maduros antes do tempo previsto, quer a flor se abrindo, o riacho correndo mais rápido...

Um segundo ponto que desejo sugerir a você, caso a ansiedade se encaixar em seu perfil e sua vida se desenrolar sob o signo da pressa: entre em contato com a natureza para contemplá-la. Ouça-a, sinta-a, toque-a ...

— Há um riacho de águas claras e murmurantes perto de onde você está? Sente-se e descanse seus pés nessas águas. Peça licença à natureza para receber suas energias e agradeça.

— Ouça a melodia das águas, o canto dos pássaros, a voz do silêncio. Acalme sua mente. Tranquilize seu coração.

— À noite, contemple as estrelas. Aprecie o luar em noites de lua cheia. Extasie-se!

Sente-se ansioso? Tem pressa para viver?

Onde tudo é paz, a paz reinará em você também.

— Mas, Afonso, eu moro em apartamento. Pouco ou quase nada do que você falou faz parte do meu dia a dia. E então? ...

— Sim, entendo sua colocação. E as praças que há em sua cidade: você as frequenta? E as áreas de preservação ambiental? Você desconhece se existem? E as chácaras e os sítios de seus amigos, você "se convida" para desfrutá-los?

Tudo isso exige boa vontade. Exige um compromisso com você mesmo, uma atenção maior à saúde, um esforço para sair do seu comodismo.

As matas, os rios, o mar... a natureza espera por você.

Vamos aprender com ela?

16. Momentos de lazer

Dar-se o direito de ter tempo para si – ele é 24 horas por dia nosso! – é o primeiro passo para perceber o quanto momentos de lazer são importantes. São eles que nos renovam, nos tranquilizam, curam nossos nervos estressados, repõem energias...

Viver sem pressa requer que em sua agenda haja lugar para o lazer. Sair da rotina, de sua casa, da cidade, fugir do barulho e do trânsito caótico, procurando um lugar de refúgio: natureza, ar puro, sol gostoso, águas refrescantes... Correr, cavalgar, jogar futebol, passear, preparar uma comida típica, enfim: *viver* de um jeito diferente, *sem pressa*.

Já pensou o quanto lhe fará bem, o quanto você e sua família serão beneficiados? Então, o que o impede de fazê-lo? Dinheiro, lugar apropriado, filhos pequenos? Ainda que seja isso, sempre se dá um jeito!

Domingos e dias santos, Deus não os criou para si. Criou-os pensando no ser humano, pensando em você. É em defesa do ser humano que existem. Desfrute-os!

Se a sua fé assim lho ensinou, use-os também para Deus. Reúna-se em comunidade e fortifique sua crença com outros irmãos de fé. Far-lhe-á muito bem!

Não tem como sair de casa? Crie, em casa mesmo, momentos de lazer.

Relaxe! Distraia-se com algo diferente. Aprenda a *parar*. Aliás, urgentemente temos que aprender! Nisso, sim, há "pressa". Uma pressa que desinstale, que tire você do seu marasmo, arranque-o da mesmice.

Saber parar: você sabe da importância que isso representa para frear sua ansiedade, curar sua mania acelerada de viver?

– Você tem algum *hobby*?

– Pratica algum esporte?

– Faz exercícios?

– Frequenta academia?

Atividades aeróbicas e caminhadas produzem endorfinas. Nosso cérebro é extremamente sábio. O corpo recompensa quem cuida dele. E a mente participa dessa onda de bem-estar: acalma-se, alegra-se, vive saudável.

Volto a insistir: abra uma brecha em sua agenda. Insira nela *um tempo especial para você*. Um presente que você dá a si e a sua família. Um grande presente!

Momentos de lazer, de parada estratégica, de retomada de forças, para "recarregar as baterias": tudo isso é bênção.

Permita que os céus o abençoem!

17. Aonde queremos chegar?

Um ditado popular, tão antigo quanto sábio, lembra-nos do tema deste livro: "A pressa é inimiga da perfeição".

Aonde queremos chegar, vivendo ansiosos e apressados? Ao hospital? Ao cemitério?

Pode até parecer "humor negro" falar assim. Porque a verdade, às vezes, dói. Incomoda. Irrita. No entanto, as estatísticas comprovam: infarto em pessoas jovens, AVC em pessoas de média idade, doenças psicossomáticas, dores musculares... estragos e mais estragos que a pressa de viver nos impõe.

Você percebe o alto preço que pagamos por não cuidarmos melhor de nós? Por não respeitarmos os limites da mente e do corpo? Por sobrecarregarmos nossos nervos de estímulos desnecessários?

– O celular: o que representa ele em sua vida? É um instrumento de comunicação e trabalho ou virou obsessão?

– E a internet, é sua aliada ou já o escravizou?

– A mídia é entretenimento e o controle é sua opção de escolha ou ela está "fazendo sua cabeça"?

– Aonde você quer chegar?

Se for a lugar nenhum, qualquer estrada lhe serve.

Se houver um destino traçado, há um mapa a seguir.

Em sua vida pessoal, em relação à saúde psíquica e física, as mesmas perguntas e respostas são pertinentes:

– Você quer viver saudável?

– Quer ter qualidade de vida?

– Quer viver muitos anos, curtir uma bela longevidade, usufruir as alegrias da "terceira idade", conhecer seus netos, bisnetos e partilhar com eles momentos inesquecíveis que só os "avós corujas" merecem vivenciar?

Eu sei aonde você quer chegar...

Não me diga que não é um "lugar" chamado "Felicidade", que todos procuram e tão poucos encontram!

Você está decidido a encontrá-lo.

Está certo! Ótima escolha!

E então você lembra – isso o assusta? – que só é digno do pódio quem realmente o conquistou. A felicidade é o pódio supremo. E assim sendo, merece o esforço supremo, a persistência suprema, a determinação suprema.

A vida, porém, não é uma corrida de Fórmula 1. Vá sempre com calma, "apresse-se devagar", sem ansiedade, sem medo, sem afobação. Viva sua busca diariamente, com paz no coração, com esperança na alma.

Por estranho que pareça, há verdades que acontecem do avesso: a busca da felicidade se faz sem ansiedade. Ela acontece na paz do espírito, na vivência do amor, no silêncio da oração.

Você está no caminho certo.

Prossiga!

18. A busca da serenidade interior

Não é preciso tornar-se monge para alcançar esta meta. Tampouco morar num sítio ou lugar ermo. Há muitas pessoas serenas em meio ao barulho. Até no trânsito agitado há pessoas tranquilas.

A serenidade interior é um estado de espírito que faz alguém sentir-se em paz com Deus, esteja onde estiver. As coisas materiais são meramente passageiras. Úteis apenas enquanto servem às nossas necessidades. O necessário para viver bem deve ser o necessário para ser feliz. Supérfluo é apenas supérfluo. Nada mais! É um estorvo a mais, um entulho que nada acrescenta.

Conquistar a serenidade interior requer opção. O essencial é sempre o privilegiado. Porém, o que é "essencial"?

– O que lhe traz saúde?

– O que o torna mais feliz?

– O que o faz conhecer-se melhor?

– O que o faz amar e ser amado?

– O que o aproxima de Deus?

Viver sem pressa em meio à pressa pode ser o grande desafio, a opção que mexe com todas as situações diárias, dentro e fora do lar.

Fazer o que deve ser feito – e fazê-lo bem! – atendendo as prioridades estabelecidas, sem que a ansiedade o afete, sem dúvida é uma conquista que merece ser festejada. Não para vangloriar-se, e sim para dar a sua autoestima o verdadeiro valor que ela tem e a sua conquista o mérito que a dignifica.

Você pode até mesmo aprender a meditar, se o seu perfil facilitar a prática e for um desejo seu. Vá em frente! Sua serenidade interior será amplamente beneficiada com isso. Se assim o desejar, não precisa anexar nenhuma crença religiosa à meditação. Faça-a de forma científica, isenta de qualquer conotação religiosa. Seu valor é o mesmo.

O importante é que você descubra que há um "lugar" onde a serenidade mora.

Vou dar uma sugestão. Se quiser utilizá-la, vai ganhar tempo. Procure a felicidade dentro de você. Em seu íntimo. Foi lá que um dia – diz a lenda – os deuses a esconderam.

Mãos à obra!

19. Um grande amor ensina muito

Conheço pessoas que mudaram profundamente seu modo de ser no momento em que um grande amor aconteceu em sua vida. Foi como chegar a um oásis após dias de deserto. Sol escaldante, vento impiedoso, areia movediça, suor e cansaço, sede – muita sede – e, de repente, um oásis!

Antes de mais nada, água para a sede! Tão boa que até "refresca o coração".

Um grande amor é água para nossas sedes. Sede de contato, de parceria, de realização sexual, sede de ser um com o outro, de fundir-se totalmente. Minha alma com a sua, meu coração com o seu, meu corpo com seu corpo. Bem do jeito como Deus sugeriu: "Que os dois sejam uma só carne" (Gn 2,24).

O oásis é como o amor: lugar de parada. É nele que descansamos nosso corpo cansado e ele se refaz. É nele que refrescamos nossos pés suados, nossos passos exaustos, e esquecemos a pressa. Apenas queremos parar. Nada mais!

Oásis é lugar de sombra. Amor é como sombra gostosa em sol causticante. É tão bom que a gente se esquece de que o tempo "passa". Aqui ele parou. Nosso coração realiza o milagre. Quem era ansioso, deixa de sê-lo.

O amor nos ensina a parar, a viver sem pressa.

Oásis é sonho de todo caminhante em travessia pelo deserto. E muitos são nossos "desertos" ao longo da vida. Neles, nada melhor que a descoberta de um amor. "Amor-oásis": que acolhe, alegra, rejuvenesce, enche-nos de esperança para prosseguir.

Um grande amor ensina muito. Como um oásis, faz a vida renascer. Faz o coração bater mais forte e relaxar depois. Faz o aconchego eliminar a pressa, acalmar a ansiedade.

Você talvez julgue um tanto poético e romântico o que lhe falo. Pergunto-lhe apenas: alguma vez já sentiu a força do amor? Apaixonou-se por alguém? Experimentou o gosto de amar e ser amado? Se já, você sabe do que eu falo...

Muitas vezes nossa vida é travessia de deserto.

Temos pressa. Não podemos parar.

Em algum lugar distante, um oásis nos aguarda.

Em algum lugar, num dia especial, o amor nos aguarda.

Se é capaz de acreditar nisso, prossiga!

Nenhum deserto é interminável. Um dia, maravilhados, seus olhos vislumbrarão um oásis. É o amor que o aguarda. E a paz também.

20. Saúde integral

A saúde integral, holística, é o grande sonho de todos que desejam uma vida mais gratificante e equilibrada. Viver sem pressa é muito mais fácil se a visão de saúde que você adota for essa.

Vamos esclarecer alguns pontos que possam facilitar sua compreensão.

Somos três e somos um. Três: *espírito, mente* e *corpo*. Um: porque os três se *interligam*, de tal maneira, que formam um ser único, indivisível.

Somos um espírito, uma alma que veio da parte de Deus. Veio para cumprir determinada missão, um propósito de vida que orienta seus passos. O espírito é nossa fonte. É dele que nascem os desejos mais profundos, os anseios mais secretos. Para ter plena saúde, nossa parte divina precisa manter-se ligada ao Criador. Assim, realizará seus mais recônditos arcanos, na paz e na tranquilidade de que tanto necessita.

Temos uma mente: manifestação do nosso espírito. É a parte psíquica, imaterial, que nos povoa. É a sede de nossos pensamentos, sentimentos e emoções. Trabalha em estreita ligação com o cérebro, a parte material mais fantástica de todas que compõe nosso corpo.

Temos um corpo maravilhosamente aparelhado para exercer suas funções. Liderado pelo cérebro, todos os órgãos respondem ao seu comando. A mente o influencia constantemente. Tudo é captado por ele, codificado e respondido. As reações químicas que emite em resposta aos conteúdos da mente expressam-se no corpo através de sintomas, sinais de alerta a chamar nossa atenção.

O espírito em sintonia com Deus, a mente saudável, sabendo administrar seus sonhos e solucionar seus problemas, o corpo, carinhosamente cuidado e zelosamente motivado pela mente, completam o "três em um" que somos.

Saúde holística é saúde total. Nenhuma das partes pode ser negligenciada. Interligadas, agindo cada qual com equilíbrio, viver sem pressa é um objetivo perfeitamente realizável.

– Seu lado espiritual merece sua devida atenção?

– A fé e a oração fazem parte de suas prioridades religiosas?

– Você estuda, lê livros instrutivos, alimenta sua mente com o mesmo empenho que dedica ao seu corpo?

– Que cuidados dispensa ao seu corpo: exercita-o? Alimenta-o saudavelmente? Respeita-o, evitando excesso de bebidas alcoólicas, cigarro, drogas e outros inúmeros exageros que possam adoecê-lo?

Dedique-se a isso.

Seu sonho de *saúde integral* é o mais justo dos sonhos.

Realize-o!

21. A paz que vem de Deus

Entramos aqui no campo da fé. Convido-o a caminhar mais um pouco comigo.

Não falo de determinadas religiões. Você mesmo escolhe ou já escolheu a sua, ou vive sua religiosidade de acordo com sua consciência. Tudo bem! Sem entrar no mérito de crenças conhecidas e pelas quais – em nome de Deus! – chega-se ao absurdo de matar, gostaria que, de forma suprarreligiosa, você procurasse comigo a paz de Deus.

Crer é um dom de Deus que pode ser pedido. Caso tenha pouca fé ou até não a tenha, peça-a com simplicidade a Deus. "A quem pede Deus dará", diz a Bíblia (Mt 7,7-8).

A fé é um dom e uma conquista. É como a busca da felicidade. Precisamos querê-la e cultivá-la em nosso coração. Ir em sua busca, sem esmorecer, como quem sabe que vai alcançá-la.

"Dou-vos a minha paz", falou o Mestre em sua despedida. A "minha", disse ele. "Não é à maneira do mundo que eu a dou", esclareceu em seguida (Jo 14,27). A paz que ele oferecia era sinônimo de fé, de coragem, de segurança. "Não se perturbe, nem se aterrorize o vosso coração", prosseguiu ele.

Qual a "paz" que o "mundo" oferece?

Advertiu-nos o Mestre de que a sua paz é diferente. Não é consequência de uma guerra. Não é imposta de fora. Não exige a morte de opositores. Sua paz é interior: nasce e cresce no coração humano.

Deus, porém, a semeou. E, como na parábola do semeador (cf. Mt 13,1-23), é a terra do coração que faz a diferença em acolhê-la bem ou não. Terra pedregosa e dura ou terra boa e adubada: eis a diferença que fará as sementes germinarem, crescerem e tornarem-se viçosas, produzindo frutos "cento por um", ou muito pouco, dependendo de cada um de nós.

Se você tem fé – mesmo que pequena – reze do seu jeito, isto é: fale com Deus, de forma simples e coloquial. Fale de sua vida, de seus sonhos, de suas dificuldades... ou apenas silencie, como quem olha para ele, sabendo que ele olha para você. Às vezes, isso é o suficiente.

E a paz que vem de Deus eliminará sua ansiedade inútil, fará você viver tranquilo, seguro, sabendo que sua casa foi construída sobre a rocha. Nem as chuvas, nem os ventos, nem as enchentes irão derrubá-la (Mt 7,24-27).

Ao concluir as reflexões deste livro, se todos os motivos aqui expostos para viver sem pressa fossem insuficientes, pessoalmente acrescentaria mais um – para mim, o mais importante: viver sem pressa fará com que você viva melhor e mais feliz, com saúde e qualidade de vida, por longos anos.

Que isso se realize para você.

Vivendo sem pressa irá longe.

Tão longe quanto puder sonhar.

Vá com Deus!

*"Há quem se esforça, apressa-se e sofre.
E tanto mais fica desprovido."*
(Eclesiástico 11,11).

Rua Dona Inácia Uchoa, 62
04110-020 – São Paulo – SP (Brasil)
Tel.: (11) 2125-3500
http://www.paulinas.com.br – editora@paulinas.com.br
Telemarketing e SAC: 0800-7010081